VERLAG ANTJE
KUNSTMANN

Foto: Meisterstein

MEISTER DER KOMISCHEN KUNST

GERHARD SEYFRIED

SEYFRIED

VERLAG ANTJE KUNSTMANN

Meister der komischen Kunst stellt die bedeutendsten deutschsprachigen Künstlerinnen und Künstler vor, die mit Zeichenstift, Pinsel und Wortmächtigkeit das Zeitgeschehen und unsere Gesellschaft seit etwa 1950 begleiten, erläutern und das Komische mit gebotener Ernsthaftigkeit aufzeichnen.

Herausgegeben von WP Fahrenberg

Hommage an Robert Crumb und Gilbert Shelton, 2013

TUTTO PALETTI CON I
FUMETTI SEYFRETTI
MILANO
VEICOLO LUNGO
VEICOLO LUNGO
FUMETTI SEYFRETTI
MI°-1785
SEYF

ZISKA RIEMANN

GERHARD SEYFRIED – SEGEN ODER GEISSEL DER MENSCHHEIT?

Wir schreiben das Jahr 1978, San Francisco. Menschen drängen sich in einer alten Lagerhalle in den Docks, Freaks, Hippies, Punks. Es ist das Verlagshaus des amerikanischen Underground Comic-Verlages »Rip Off Press«. Fünf Zeichner liefern sich hier ein Duell, wer den abgefahrensten Oldtimer zeichnen kann. An den Zeichentischen sitzen Gilbert Shelton, Paul Mavrides, Robert Crumb, Jay Kinney und ein noch unbekannter Deutscher, der vor ein paar Wochen plötzlich vor der Tür stand. Die Stimmung ist aufgekratzt. Es wird Bier getrunken, Joints kreisen, laute Stimmen, dazwischen immer wieder schallendes Gelächter.

Der junge Deutsche stellt sein besonderes Talent unter Beweis und gewinnt mit der perfekten Miniatur eines Straßenkreuzers, die er mit einem Ein-Haar-Pinsel gezeichnet hat. Brüllender Applaus, die Menge drängt sich um seinen Zeichentisch. Mit einer Lupe wird das Kunstwerk untersucht. Es ist tatsächlich kleiner als ein Fingernagel, formvollendet, detailgetreu, die Scheinwerfer winzige, präzise Kreise.

Der Zeichner war kein anderer als Gerhard Seyfried, dessen Buch Sie, liebe Leser, jetzt in den Händen halten. Wie ist es möglich, so ein winziges Auto mit bloßem Auge zu zeichnen? Das Geheimnis lässt sich mit wenigen Worten beschreiben: Der Mann ist auf einem Auge kurz- und auf dem anderen weitsichtig.

»Das ist wie einen Fuß auf einem Eisblock, den anderen auf einer heißen Herdplatte«, sagt er, »im Durchschnitt sehe ich ausgezeichnet«.

Es ist sein Blick fürs Detail und jene akkuraten Linien, die seinen Stil unverkennbar machen. Am Zeichentisch sieht das ungefähr so aus: tief übers Papier gebeugt, ein Auge zugekniffen, den Bleistift kurz, damit er

nicht mit der Nase kollidiert, inhaliert er die Radiergummifussel und schneidet dazu Grimassen. Letzteres kenne ich: Zeichner machen oft unbewusst den Gesichtsausdruck, den sie gerade zeichnen.

Das weitsichtige Auge nutzt Gerhard, wenn er das Haus verlässt. Es beobachtet die Menschen, den Alltag, das Leben in Berlin. Wenn man mit Gerhard Seyfried durch die Straßen läuft, lässt er einen teilhaben an seiner ureigenen Wirklichkeit, seinem Wortwitz, den Kalauern und humorvollen Gemeinheiten. In den letzten Jahren ist dabei die Werkreihe »Schilderguerilla« entstanden. Eine Verballhornung von Straßen-, Laden,- und Verbotsschildern.

Seyfried ist gerne kindisch, und er ist auch nie wirklich erwachsen geworden: keine Ehe, keine Kinder, keine Pflichten. Er ist ein Träumer, der detailverliebt Luftschlösser bauen und sich vierdimensional darin verlieren kann.

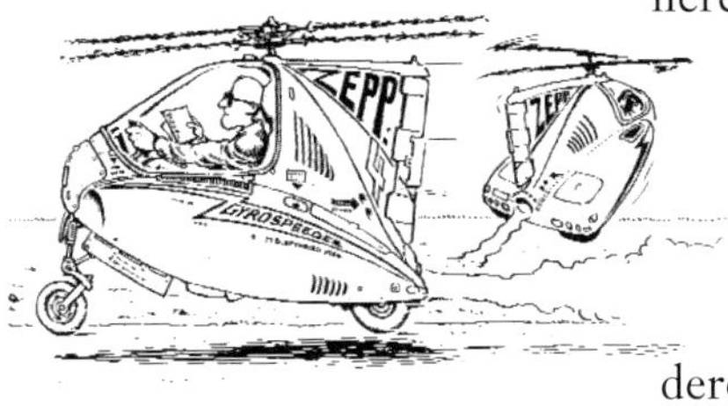

So wundert es nicht, dass er auch ein passionierter Modellbauer ist. Seine Wohnung ist ein Spielzeugparadies voller Miniaturautos, einer Modellbahnanlage, Flugzeugen und seetauglichen Schiffen. Überall stehen Comicfiguren herum, einige noch aus seiner Zeit in Amerika, andere sind Trophäen abenteuerlicher Beutezüge.

Wenn er zeichnet, studiert Seyfried alle verfügbaren Vorlagen. Als ich ihn 1990 kennenlernte, durfte ich sein Bildarchiv bewundern: eine beachtliche Sammlung von Fotos und Postkarten aus der ganzen Welt. Wann immer wir etwas zeichnen wollten, das wir nicht im Kopf hatten, wühlten wir uns durch diese Karteikästen. Darin fand sich neben Dinosauriern, Straßenschlachten, Atombombenexplosionen, Dampfmaschinen, chinesischen Tempeln auch Seyfrieds legendäre Polizeisternsammlung. Oft haben wir uns in den vielen Bildern verloren, wir haben darüber vergessen, was wir eigentlich zeichnen wollten.

Irgendwann hat das Internet den Archivschrank überflüssig gemacht. Wir haben den Inhalt in einer feierlichen Zeremonie mit Orgelmusik dem Papiermüll übergeben.

Jetzt hat der Meister ein neues, ein digitales Archiv. Zehnmal so umfangreich wie das alte, es hat eine Suchmaschine und ist sortiert nach Themen und Jahreszahlen. Ich wundere mich, wenn Seyfried vor dem Computer sitzt (mit der Nase direkt am Bildschirm), Bilder aus dem Internet kopiert und sorgfältig beschriftet in Ordnern ablegt. Wozu macht er das? Er lädt das Internet herunter. Es könnte ja sein, dass es morgen abgeschaltet wird – dann hat er ein Backup. Manchmal spinnt er auch ein bisschen. Aber den Straßenkreuzer, den hat er damals aus dem Kopf gezeichnet.

ALT-FREAK

ABB.: MILITANTER, MÄNNLICH, ANGEHÖRIGER DES FREAKADELS MIT ÜBER DREIZEHN JAHREN "SZENE"-ZUGEHÖRIGKEIT.

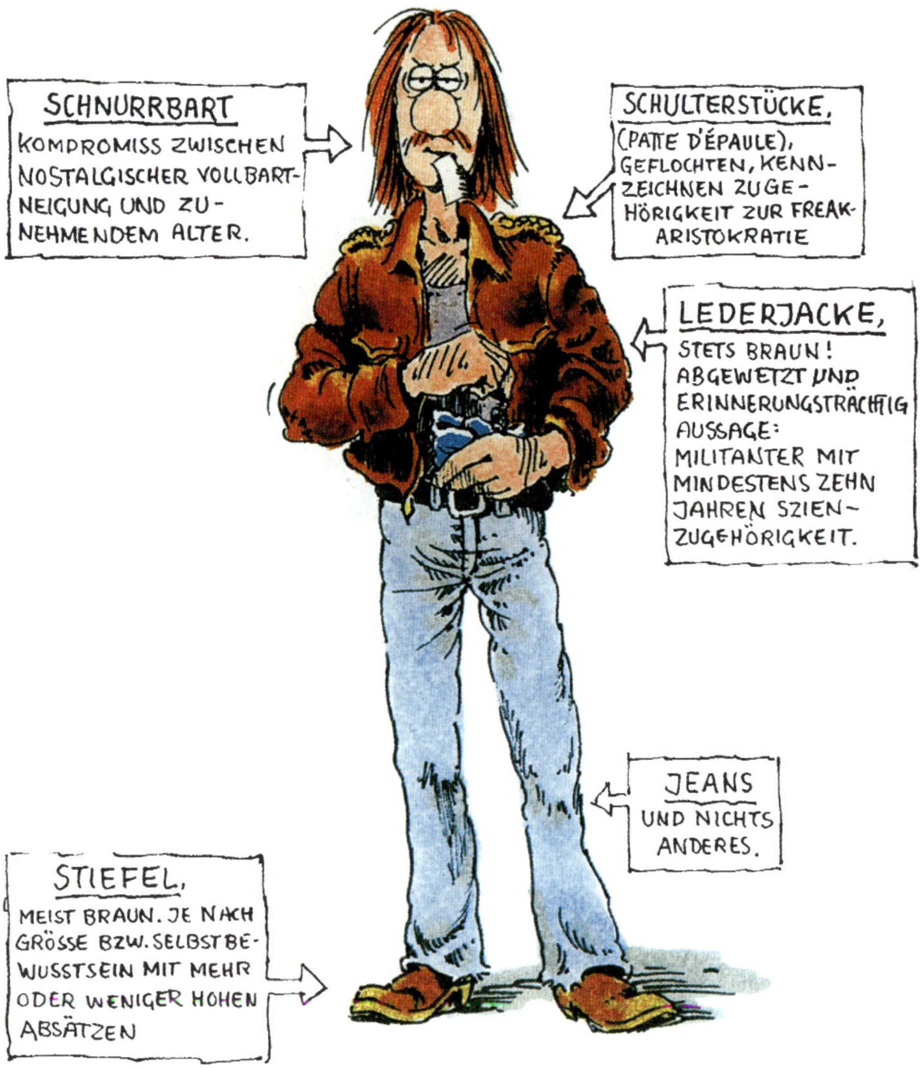

ALLGEMEINE CHARAKTERISTIKA:

ULTRACOOL. BULLENPROOF. BLICKT VOLL DURCH. NUR NOCH VEREINZELT ANZUTREFFEN.

TASCHENINHALT IN DER REGEL: AUSWEIS, ZWANZIG PFENNIG, ROTER KALENDER, PROLETARISCHES BENZIN FEUERZEUG, MERCEDESSCHLÜSSEL (190 D), ZWEI RESERVEJOINTS, EIN NOTPIECE.

AUS EINEM ALTERNATIVEN GESCHICHTSBUCH
G. Seyfried
WIE MÜNCHEN VON DEN MÖNCHEN GEGRÜNDET WURDE.
"ERLAUBT MIR EINE FRAGE, VATTERN: MÜSST IHR WIRKLICH GAR SO TATTERN?"
"HINAUS! DU BIST NICHT MEHR MEIN SOHN!!"
"SCHON GUT, SCHON GUT! ICH GEH JA SCHON."
G. Seyfried

BALD SCHIESSEN DIE ALTERNATIVEN PROJEKTE WIE PILZE AUS DEM BODEN!
(PLOPP!)
Oh
Oha!
DIE HÖLLISCHE ZEITUNG!
ALT. TELEFONZEITUNG
TYPISCHER ALTERNATIVER TÖPFER
DREH-BUCH
ALTERNATIVES DREHBUCH
ICH ABER SAGE EUCH: SO EINER NICHT GENUG DER SPEISE ZU SICH NIMMT, DER SOLL DARNIEDER-LIEGEN UND DARBEN ZWEI MONDE LANG!
RÜLPS!
ALTERNATIVE BIBELFORSCHUNG
ALTERNATIVE ÄRZTE:
Sagen Sie mal: Ⓐ
DIE ALTERNATIVE ALS KRANKHEIT
Rote FAHNEN SIEHT MAN BESSER!
TRINK DAS! ES WIRD DIR (KEUCH!) GUT TUN!
(KIHICHER)

BALD IST ALLES GANZ ALTERNATIV
Chr-piüh! Chr-piüh! Chrr!
WETTER-LEUCHT!
GRUMMEL
Die Schuhe vor dem Turm.
Die Ruhe vor dem Sturm.
Die Truhe vor dem Wurm.
DIE SPRACHE
KREISCH!
G. Sey
FELDSTECHER
1 Rechenmaschine
BAUERNFÄNGER
G. Sey
DIE LANDWIRTSCHAFT
Städtische Sparkasse
SCHALTERSTUNDEN:
MO-FR 20°°- 5°°Uhr
SA-SO 12°°- 0°°h
G. Sey
G. Sey
SONNENBRILLE
KLOBRILLE
Maskenball
DER FASCHING + DIE BRILLEMODE.
HICK!
HICK!
bong
FREEEE INTERPRETATION

DAS ALTERNATIVE KAUFHAUS

Ein schaudernder Blick in die Zukunft.

DIE POLIZEI HAT ES BEKANNTLICH NICHT LEICHT.
ISAR NULL HAT VERSTANDEN! KNIPS DAS BLAULICHT AN, OTTO!
RRRRN!
BLINK!
LALÜ! LALÜ!
WÜRG! KOTZ!
GURGEL!
SPUCK!
DER DIENST IST HART UND STELLT DIE BEAMTEN OFT VOR UNLÖSBAR SCHEINENDE AUFGABEN:
GRÜSS GOTT. HIER SOLL EINE BOMBE VERSTECKT SEIN!
(TICK!)
TICKTACK!
DIGGEDUGG!
KUCKUCK
TIC-TAC
UHREN
TICK! TACK!
TACK!
KLACK!
CLIC-CLAC
TICKE-TACKE!
G. Seyfried

ES IST LÄNGST BEKANNT, DASS DER BERUF DES POLIZISTEN FAST SO GEFÄHRLICH IST WIE DER BERUF HAUSFRAU*:
DICH NEHM ICH FEST! DU KOMMST MIT ZUR WACHE, BURSCHE!
1
MOMENT – WAS IST, WENN ER MIR EINE SCHEUERT? ER KÖNNTE MICH JA VERLETZEN....
2
ES GIBT NUR EIN MITTEL, DIESE GEGENWÄRTIGE GEFAHR FÜR LEIB & LEBEN ABZUWEHREN: DEN GEZIELTEN, TÖDLICHEN SCHUSS!
?
3
UFF, DAS WAR KNAPP!
4

* KEIN WITZ!

HERR WAHL: ICH HABE HIER EINE EINSTWEILIGE ERSCHIESSUNG GEGEN SIE!
M.WAHL
G. Seyfried

DER CHOR DES
POLIZEIGESANGSVEREINS
PROBT.

FEST-NAHMEN

II. Gehorsamsübungen.

HOFFENTLICH KOMMT ES NICHT EINMAL UMGEKEHRT.

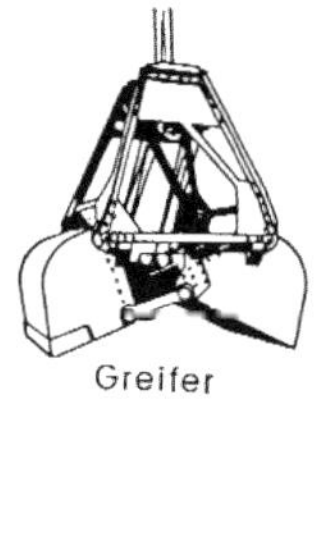

Greifer

DIE GEDANKEN
SIND FREI...
DENKST DU.
Seyfried

Bulle in Öl ohne Ei
Ölfarbe auf Uniformtuch

Bulle in Öl mit Ei
Ölfarbe auf Uniformtuch

MEGA-COOLE
FREAKADELLEN
HEMP-BURGER
HAPPY UMWELT!
ÖKO PIZZA!
1a
BULLETTEN
DEUTSCHES BEEFSTEAK
SLUKE
LUUL
BETRUG!
©2001 by: SEYFRIED

Hanf
IM SPIEGEL
DER ZEITEN
SPQR
Hannef
eyn
gar lieblich
Kreutlein!
SEYFRIED
29

HASCHISCH!
!
GESUNDHEIT!
300
900
100
700
© 2001 by: SEYFRIED

DIE HANFBAUERN VON GENEZARETH ODER:
ENTSTEHUNG EINER LEGENDE.
SEYFRIED CARTOON
NA SOWAS! ER LÄUFT ÜBERS WASSER!
KUNSTSTÜCK!
ER HAT UNSEREN GANZEN HANF AUFGEFRESSEN!
VERDAMMTE KIFFER!
©2001 by: SEYFRIED

SEYFRIED CARTOON
TAG, LEUTE; BRAUCHT IHR WAS: SPEED? ACID? GRAS?

HISTORISCHE BEGEGNUNGEN MIT CANNABIS!

3 Tage lang standen die Spanier am Strand und vermochten nicht, sich zu rühren - eine Folge der Willkommenspfeife der Marihuachi-Indianer...

HISTORISCHE BEGEGNUNGEN MIT CANNABIS!
1923 konnte Professor Carelius noch nicht ahnen, wieviel Kopfzerbrechen seine archäologische Entdeckung der Nachwelt noch bescheren würde...
©2001: SEYFRIED · BERLIN

Kyffhausen im Harz war ein Sündenbabel und berühmt für seine Badehäuser, Freudenhäuser und Kiffhäuser.
Worumbenthalben Herzog Miesgram der Mürrische sie allesambt zumachen hat lassen.
Kyffhaus
Froyden Hus
Bad Stuben
©2002 by: Seyfried Berlin

"Make the most from the indian hemp seed and sow it everywhere!"
US Präsident George Washington im Jahr 1794 zu seinem Gutsverwalter.
("Mach das Beste aus den indischen Hanfsamen und säe sie überall aus!")
Und wenn die Gen-Analyse zeigt, daß er tatsächlich Cannabis geraucht hat?
Nun, dann wird man ihm posthum die Präsidentenwürde aberkennen und die Hauptstadt umbenennen.
In Brainwashington, D.C.
GEORGE WASHINGTON • REST IN PEACE •
Anslinger EXHUMERS
call 0741-3
DEA
A·X
©2002: SEYFRIED-BERLIN

CANNABIS CARDS

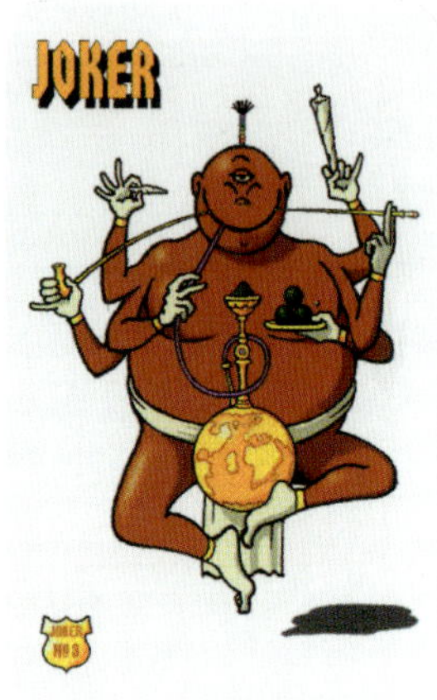

Karo-Bube: »Der Gärtner«, Bauer oder home-grower.

Pik-Bube: »Reefer Man«, der Mann mit dem Stoff. Flashback in die 20er und 30er Jahre, auch Titel eines Songs von Cab Colloway.

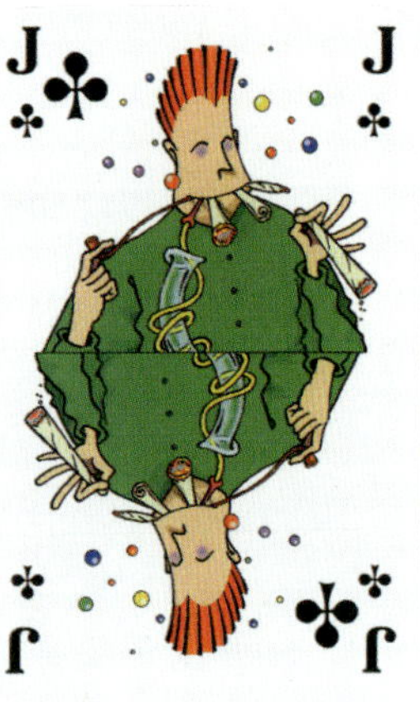

Kreuz-Bube: »Kifferwahn« oder Reefer Madness – wie im Film.

Herz-Bube: »Herz Bulle« oder Cop of Hearts. Steht für das Risiko, für alle bösen Buben und Marihuana-Jäger, die Polizei, die DEA und alle Narcs.

Kreuz-Dame: »Wasserpfeife«, cool smoke, Symbol der Genusssucht.

Karo-Dame: »Aus Hanf!« Die Karte steht fur den vielfältigen Nutzen der Pflanze Hanf: Stoffe und Tuch, aber auch Papier, Medizin, Öle und vieles mehr.

Herz-Dame: »Temptation« oder die verführerische Dame Hanf.

Pik-Dame: »Lady Baker«, inspiriert von Josephine Baker.

Kreuz-König: »King Dealer« oder »Lord of the scales« – der ehrliche Dealer, der Herr der Waage.

Pik-König: »Jazz«, inspiriert von King Satchmo: Louis »High Society« Armstrong, der in den 50er Jahren einen Brief an Präsident Eisenhower schrieb und ihn bat, Marihuana zu legalisieren.

Herz-König: »King of Ganja«, inspiriert von Bob Marley.

Karo-König: »1. Preis fur den Stoff des Jahres!« Inspiriert durch die jährlichen »Best Grass«-Wettbewerbe in Amsterdam und anderswo.

Gruß aus Deutschland
Acryl auf Spiegelglas

Was ist Wo in
BERLIN
Hauptstadt ohne Mauer
Staub
PANKOW
Polarkreis
Müll
Regen
Mißmut
Rechtsradikale
SCHWANEBECK
Outback
Totschlag
KAROW
Pommes mit Mayo
FROHNAU
Hakenkreuzschmierereien
Hinter Den Sieben Bergen
SCHÖNWALDE
Wahnsinn
Haftverschärfung
Schandfleck
REINICKENDORF
Glatzen
Dummheit & Stolz
Alkoholismus
PANKOW
WEISSENSEE
Mord
TEGEL
Knast
Unterdrückung
Assies
Fluglärm
Berliner Schnauze
Privatisierungswahnsinn
Merkelismus
Keine Mauer
Veruntreuung öffentlicher Gelder
Skinheads
Arschkriecherei
Habgier
Rituelle Touristenmorde
Terrorpanikmache
Lügen
HOHENSCHÖNHAUSEN
Intoleranz
Dekadenz
Fette Diäten
Arroganz
WEDDING
Bauskandal
Schäuble
Stasi
Maulkorb
Todesstrahlen
HÖNOW
SPANDAU
Parteispenden
U-Haft
Bespitzelung
LICHTENBERG
Pampas
Aktienbetrügereien
Heuchelei
Neid
Angst
MOABIT
Augenwischerei
Einsamkeit
Bereicherung
Puff
BND
PRENZLAUER BERG
Straßenraub
CIA
Stau
Smog
Kindesmißhandlung
Skins
Geldwäsche
Paranoia
Alk
Meinungsmache
Lethargie
MARZAHN
Ausbeutung
Haß
Filz & Filzesfilz
Privilegien
Bestechung
TIERGARTEN
MITTE
Suff
FRIEDRICHSHAIN
Rassismus
HELLERSDORF
Bonzen
Wucher
Starbucks
Lärm
Primärziel
Anytown
Eifersucht
CHARLOTTENBURG
Korruption
LICHTENBERG
Currywurst
DAHLWITZ-HOPPEGARTEN
Touristenfalle
Schmiergeld
Feinstaub
KREUZBERG
Viagra
Hundescheiße
Babystrich
Verkehrschaos
McDonalds
Behördenwillkür
Dixie-Klo
Pferdeäpfel
Nordic
Stalking
WILMERSDORF
Schwarzarbeit
Baulärm
1-€-Jobs
Nötigung
Selbstgerechtigkeit
Bundeswehr
Russenmafia
SCHÖNEBERG
Sushi
Mietwucher
Keine Mauer
Sinnlose Gewalt
GATOW
Stress
NEUKÖLLN
Leere Kassen
Ritalin
Horrortrips
Hubschrauberlärm
Biker
Dreck
Exzesse
Dixie-Klo
Fahrerflucht
Parkplatznot
Unterschlagung
Schnaps
Hartz IV
TREPTOW
SPREE
Herzlosigkeit
Verschwörung
Wildschweine
Notwehr
Blues
Diskriminierung
Auto-Irrsinn
Strafzettel
TEMPELHOF
Heuschrecken
HAVEL
ZEHLENDORF
Pflastersteine
"Investoren"
Fluglärm
Massenentlassungen
Abzocker
Ausländerhaß
Insektizide
Verschwendung
Überwachungs-Kameras
Managergehälter
Langeweile
"BOB"
Geltungssucht
Verdeckte Ermittler
STEGLITZ
Ignoranz
Verarmung
BRITZ
Behördenwillkür
Naivität
Sozialfälle
Suizid
Schrott
Handyklingeln
Mißwirtschaft
Dixie-Klo
Mißgunst
Viel Zu Hohe Fahrpreise
KÖPENICK
Raser
Bier
Keine Mauer
Einbrecher
Elektro-Smog
Schimpf & Schande
Migrationshintergrund
Uniformmißbrauch
Unrat
Feigheit
Rücksichtslosigkeit
Psychos
Werbung
Schadenfreude
Geiz
RUDOW
Treibhausvergasung
KLEIN-MACHNOW
Betrunkene Autofahrer
NATO-Nukes
Rachsucht
TELTOW
CO²
Dixie-Klo
Brechreiz
Niemandsland
Immobilienschmuggel
SCHÖNEFELD
Buletten
Betrug
Fluglärm
Dreck
GROSSBEEREN
Down Under
© 2008 by: Gerhard Seyfried, Berlin

Polizeiparadies Berlin
Vorzeichnung

Polizeiparadies Berlin
Endfassung

Kulturhauptstadt Berlin
Vorzeichnung

Kulturhauptstadt Berlin
Endfassung 1988

SCHILLER IN BERLIN
EINE BLITZ-BIOGRAPHIE
AH! BERLIN! WÄRE ZU LEBZEITEN FAST MAL HIERHER GEZOGEN!
G. SEYFRIED 2009
HÖCHST WUNDERLICH KLEIDEN BÜRGER SICH, UND BÜRGERINNEN!
OB SIE SICH MEINER NOCH ENTSINNEN?
WHO NEEDS JOBS
AUF EIN WORT, FREUND! SAGT EUCH DER NAME SCHILLER ETWAS?
SCHILLER? WAR DAS NICHT...
... DER BERÜHMTE SCHÜRZENJÄGER UND HEIRATSSCHWINDLER?
DER HAT DOCH DIE JUNGFRAU VON ORLEANS ENTJUNGFERT UND DANN DIE BRAUT VOM OLLEN MESSINA VERFÜHRT, WA?
?
WAR EIN RICHTIGER DON KARLOS! HAT ER NATÜRLICH NICHT AN DIE GROSSE GLOCKE GEHÄNGT!
VON BERUF WAR ER RÄUBER, UND SEIN RICHTIGER NAME WAR WILHELM TELL! HAT SOGAR MAL EINEN UMGEBRACHT, BLOSS WEGEN NEM APFEL!
WAS IHR NICHT SAGT!
AWA DENN HAT ER WALLENSTEINE GEKRIEGT UND IST DRAN GESTORBEN!
TSCHÜS, MUSS LOS!
ÜBRIGENS: COOLES OUTFIT, ALTER!
ACH, MIT DUMMHEIT KÄMPFEN GÖTTER SELBST VERGEBENS!
HEBT MICH HINWEG, IHR GUTEN GÖTTER, AUS DIESER STADT FRIVOLER SPÖTTER!
seyfried-berlin.de

MAL SEHEN, OB DIE NACHWELT MEINER NOCH GEDENKT... POTZDONNERWETTER! MAN HAT MIR EIN MUSEUM GEWIDMET!
VERSCHWENDUNG!
FRIEDRICH II. MUSEUM
HUNDE MÜSSEN DRAUSSEN BLEIBEN!
SEYFRIED 2012
POTZTAUSEND! DIE KARTOFFEL!
KARTOFFEL ERFINDER: FRIEDRICH DER GROSSE
SEIN DANKBARES VOLK.
POTZBLITZ! GELOGEN WIRD ALSO IMMER NOCH! HAB MEINE FLÖTE DOCH HIER IN DER ROCKTASCHE!
Flöte FRIEDRICH II. VON PREUSSEN
POTZDAM!
HIER STEHT NICHTS VON EINER POSTKUTSCHE! WIE KOMM ICH JETZT NACH SANSSOUCI?
H
POTSDAM
KARTOFFEL SCHALEN
POTZSAPPERLOT! WELCH SCHRÖCKLICHE ZEIT! ERINNERT MICH FATAL AN DIE BATAILLE VON HOHENFRIEDBERG!

NA GUT –
ALSO ICH GLAUB,
DASSES SO "ENDET":
MIT 1984
1984
DER FILM ZUM BUCH!
PHANTASTISCHER THRILLER IN 85 FOLGEN
AB MONTAG IM FERNSEHEN
POLIZEI
JUNKFOOD!
U
BERUFS-
VERBOT
VON
9 – 19h
POLIZEI
MAUSI

Berliner
Zukunftsvisionen
von 1980

ВОДКА
KLIRR
RASSEL
SCHLURF
IWAN REPROFFSET
DRUCKEREI
ДРУК
РЕПРО
ERSTE BRÜDERLICHE HILFE
KLINGELINGELING
ИВАН РЕПРОФФСЕТ
PENG!
PENG
PENG
HECHEL!
ACHTUNG!
DIE V. ORDENTLICHE VOLLVERSAMMLUNG DES AUSSCHUSSES FÜR FRAGEN DER VERKEHRSREGELUNG DER DEPUTIERTENKAMMER DES ZENTRALEN KOMITTES DES VERKEHRSREGELUNGSRATES DER PROVISORISCHEN MILITÄR-ADMINISTRATION GIBT BEKANNT:
PARKVERBOT VON 6-13 h!
...UND ICH GLAUB, DASS DIE RUSSEN KOMMEN...
SCHAUDER
FRÖSTEL

Berliner Zukunftsvisionen von 1980

SPOTZ
KEUCH
HUST
HUST
RAUCHEN VER
HEIZEN VERBOTEN IN DER ZEIT VOM 1.11. BIS 15.2. SENAT
SMOGALARM? DAS IST DOCH NOCH GARNICHTS.
WENN SIE MEINEN CHEF..
ICH GLAUB EHER, ES GIBT DIE TOTALE UMWELTKATASTROPHE... IS JA FAST SCHON SO WEIT
HUST! HUST!
KEUCH
HE SIE DA! SCHUTZMASKE AUFSETZEN!
(MUMPF)
(DUMPF)
ROTT
GAMMEL
BRODEL
BLASENWERF

Berliner Zukunftsvisionen von 1980

WER HILFT UNS BEI DER
← MÜSLI-ERNTE? ←
BARBARA BESCHEID SAGEN!
Café
SANDINISTA

Berliner Zukunftsvisionen von 1980

ROTBUCH
167
VOR UNS
DIE
SINTFLUT!
HELMUT
SCHEEL

Berliner
Zukunftsvisionen
von 1980

ZWILLE
in: ✝ BERG 4 EVER!
FUI DEIWEL
© SEYFRIED 1997
ACH! DU WOHNST IN KREUZBERG!
NEIN, DASS DU DIR DAS LEISTEN KANNST!
IST JA JETZT INNENSTADT!
V.
BANZAI!
SOZUSAGEN!
HURRA!
BANZA
ACH, ICH BENEIDE DICH! SO MITTEN DRIN!
?
U
TICKET-CARD
BANK
Onanien Str.
ALL DIE SCHÖNEN HÄUSER!
Cafe Schnösel
CD's
BAR
UND DIE TOLLEN LÄDEN!
Zombie moden
HUCHWIESCHICK
ESO KLIM BIM
tussi

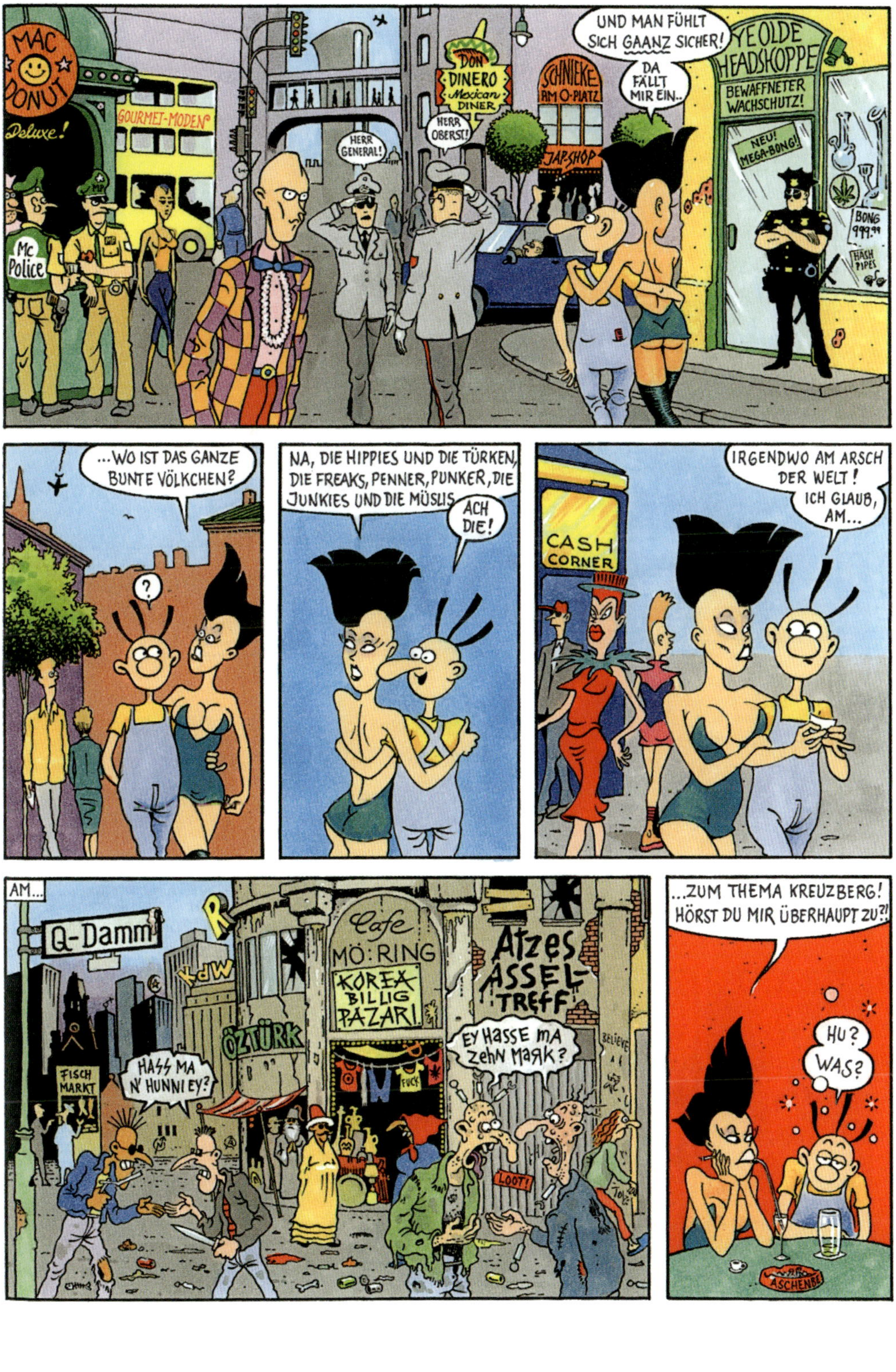
MAC DONUT Deluxe!
Mc Police
GOURMET-MODEN
HERR GENERAL!
HERR OBERST!
DON DINERO Mexican DINER
SCHNIEKE AM O-PLATZ
JAP-SHOP
UND MAN FÜHLT SICH GAANZ SICHER!
DA FÄLLT MIR EIN..
YE OLDE HEADSHOPPE
BEWAFFNETER WACHSCHUTZ!
NEU! MEGA-BONG!
BONG 999.99
HASH PIPES
...WO IST DAS GANZE BUNTE VÖLKCHEN?
?
NA, DIE HIPPIES UND DIE TÜRKEN, DIE FREAKS, PENNER, PUNKER, DIE JUNKIES UND DIE MÜSLIS.
ACH DIE!
CASH CORNER
IRGENDWO AM ARSCH DER WELT! ICH GLAUB, AM...
AM...
Q-Damm
KdW
FISCH MARKT
ÖZTÜRK
Cafe MÖ:RING
KOREA BILLIG PAZARI
Atzes ASSEL-TREFF
HASS MA N' HUNNI EY?
EY HASSE MA ZEHN MARK?
LOOT!
...ZUM THEMA KREUZBERG! HÖRST DU MIR ÜBERHAUPT ZU?!
HU? WAS?

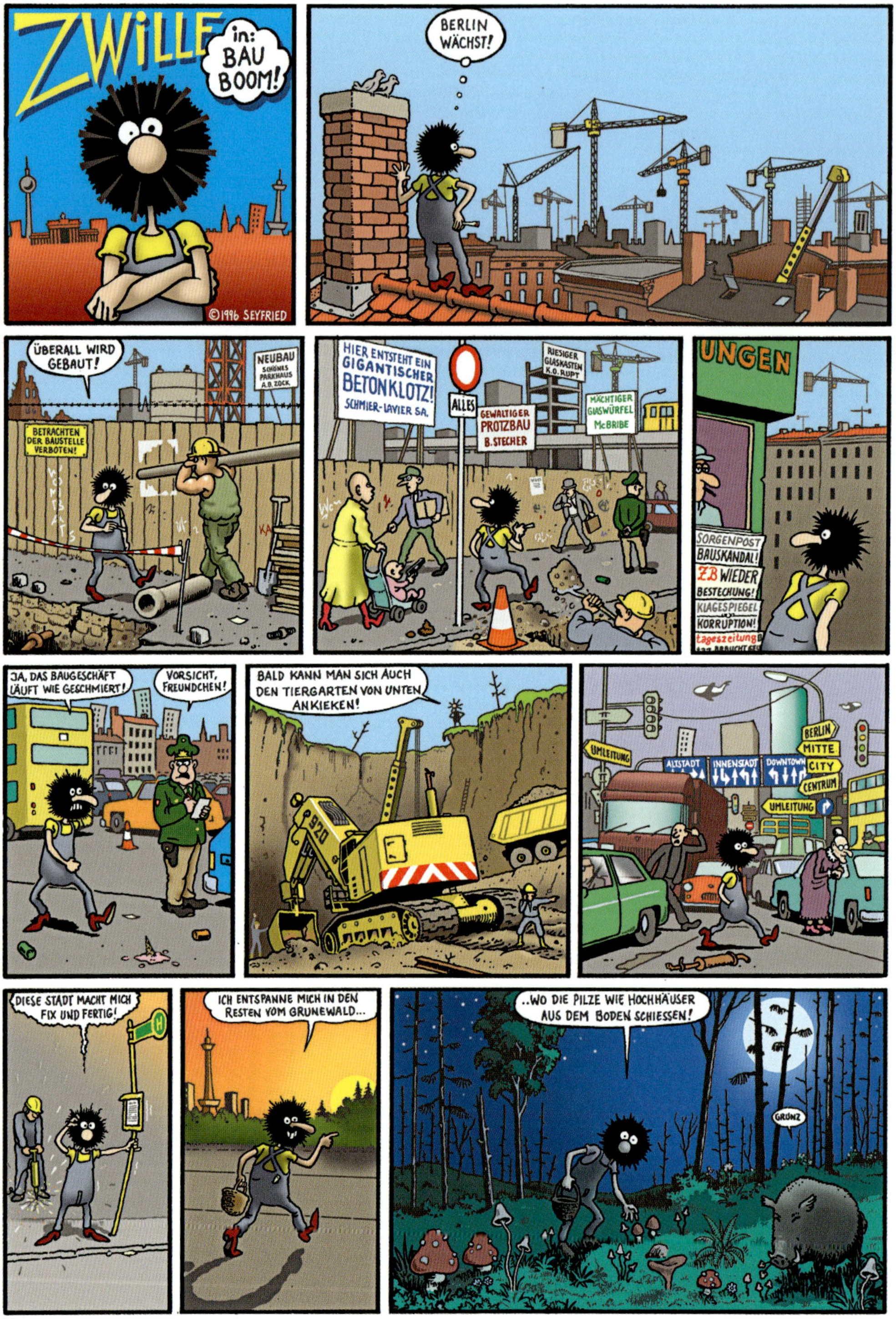
ZWILLE
in: BAU BOOM!
©1996 SEYFRIED
BERLIN WÄCHST!
ÜBERALL WIRD GEBAUT!
NEUBAU SCHÖNES PARKHAUS A.B. ZOCK
BETRACHTEN DER BAUSTELLE VERBOTEN!
HIER ENTSTEHT EIN GIGANTISCHER BETONKLOTZ! SCHMIER-LAVIER SA.
ALLES
RIESIGER GLASKASTEN K.O. RUPT
GEWALTIGER PROTZBAU B. STECHER
MÄCHTIGER GLASWÜRFEL McBRIBE
UNGEN
SORGENPOST BAUSKANDAL!
ZB WIEDER BESTECHUNG!
KLAGESPIEGEL KORRUPTION!
tageszeitung
JA, DAS BAUGESCHÄFT LÄUFT WIE GESCHMIERT!
VORSICHT, FREUNDCHEN!
BALD KANN MAN SICH AUCH DEN TIERGARTEN VON UNTEN ANKIEKEN!
920
UMLEITUNG
ALTSTADT
INNENSTADT
DOWNTOWN
BERLIN
MITTE
CITY
CENTRUM
UMLEITUNG
DIESE STADT MACHT MICH FIX UND FERTIG!
H
ICH ENTSPANNE MICH IN DEN RESTEN VOM GRUNEWALD...
..WO DIE PILZE WIE HOCHHÄUSER AUS DEM BODEN SCHIESSEN!
GRUNZ

Fahrausweise
KREISZEITZONENVERBUNDNETZ A
NETZKREISZEIT-ZONENNACHTTARIF
EINZELTARIF WECHSELZONEN TARIFZEITPLAN
ZONE
TEILZEIT
TARIFZONE
ZEITZONE
NETZZONENVERBUNDKREISTARIF
KEIN UMSTEIGEN
KEINE SCHECKS
ECC
BEFÖRDERUNGS BESTIMMUNGEN
RECHTSBEHELF:
BEHELFS RECHT:
GELDRÜCKGABE
WEHE!
BIER
G. Seyfried 87

LEKTORAT

Ein Autor schiebt mit frohem Sinn
Dem Lektor sein Geschreibsel hin.
Es geht darin um die Moral
In einem Alpenseitental.

Zwei Bürgermeister-Kandidaten
Sind dort in einen Streit geraten.
Der eine arm, der andre reich,
Ansonsten sind sie eher gleich.

Der eine ist der Schuldirektor,
Ein guter Mann in seinem Sektor.
Gemüsehändler ist der zweite,
Zwar brav, jedoch so gut wie pleite.

Kein schlechter Plot, freut sich der Lektor,
Erinnert mich an Zeus und Hektor!
Nur fehlt der Held in der Geschichte,
Und eine hübsche junge Nichte.

In dem Kapitel mit den Gurken
Vermisse ich den bösen Schurken,
Der des Gemüsehändlers Weib
Verführt, und sei's zum Zeitvertreib!

Ich glaube, wirft der Autor ein,
Dergleichen wird nicht nötig sein.
Ein Lustmolch oder Bösewicht
Passt zu des Händlers Gattin nicht.

Tja, sagt der Lektor, das ist schade,
Denn so bleibt die Geschichte fade.
Doch halt – er runzelt seine Stirne:
Wie wär's mit einer feilen Dirne?

Könnte nicht ein solches Luder
Des Schuldirektors armen Bruder
In unsagbares Elend stürzen
Und solcherart die Story würzen?

Nein, ruft der Autor, denn der hat ja
Schon seine heißgeliebte Nadja!
Niemals würd er sie verraten
Für einen solchen Satansbraten!

Na gut, seufzt resigniert der Lektor,
Dann bleibt als Schurke nur der Rektor:
Der Mann erliegt mit allen Sinnen
Den Reizen seiner Schülerinnen!

Nein, nein, der Autor widerspricht:
Das Pädophile liegt mir nicht.
Der Rektor ist ein braver Mann
Der Schlechtes nicht mal denken kann!

Ach ja? Und was ist mit der Tochter?
Sie schreiben hier, die unterjocht er!
Dem Autor wird die Stimme schrill:
Doch nur, weil er ihr Bestes will!

Jetzt kriegt der Lektor Oberwasser:
Der Rektor ist ein Weiberhasser!
Sein Weib ist zänkisch und gemein,
Und Zwietracht herrscht im trauten Heim!

Mag sein, es ist bei Ihnen so,
Entgegnet der Autorio,
Ich bin kein Groschenromancier,
Mir liegt das saubere Metier.

Des Lektors Stirne färbt sich bläulich:
Ein Moralist! Gott, wie abscheulich!
Ihr Text ist graue Langeweile
Und Ihre Welt zum Kotzen heile!

Und Sie? Ein Lektor woll'n Sie sein,
Fängt der Autor an zu schrein,
Ich sage Ihnen, was Sie sind:
Ein blödes Lektoraten-Rind!

Er geht dem Lektor an den Kragen
Der tritt ihn dafür in den Magen,
Und schon sind beide, eins, zwei, drei
In der schönsten Keilerei.

Sie prügeln sich, der Tisch, der kippt.
Der Wind entdeckt das Manuskript,
Und bläst es mit Besessenheit
Hinweg in die Vergessenheit.

D. MENTI
In diesem Lektorat-Gedicht
Benannte ich den Lektor nicht.
Fand's besser, ihn zu schonen
Aus Angst vor Repressionen.
Erkläre drum an Eides statt:
Das Lektorat fand so nicht statt.
Der Lektor ist in Wahrheit nur
Erfundene Symbolfigur.
Der Autor ist hingegen echt
Und existiert mehr schlecht als recht.
Sein Name tut hier nichts zur Sache:
Er fürchtet des Lektoren Rache.

Gerhard Seyfried 2007

WAS BEDEUTET "GROKO"?
GROSSE KORRUPTION?
GROTESKE KOPULATION!
GROSSMÄULIGE KOMPLIZEN?
GROSSE KOTZE!
ATZE
TV
SEYFRIED 2014

RADIKALREFORM DER DEUTSCHEN SPRACHE

Dieser Fünfjahresplan sieht eine Neuentwicklung der veralteten deutschen Sprache vor:

PHASE 1: Das scharfe ß entfällt und wird zum ss, ebenso ph, welches zum einfachen f wird. Das Wort Fantasie zum Beispiel wird so um einen Buchstaben kürzer.

FASE 2: Die kleinschreibung wird eingeführt und der buchstabe q durch kw ersetzt, wodurch die kwalität der sprache eindeutig verbessert wird. v wird durch f, respektife durch w ersetzt, wie etwa in willa und faterlandsferäter.

FASE 3: das stumme oder dehnungs-h entfällt, es heisst jetzt teater. weiter ersetzt i das y, es heisst also ritmus. in dieser fase entfällt auch das ie wie in wiese und wird durch ein einfaches i ersetzt. di buchstabenkombination eu wird durch das schönere oi ferbessert.

FASE 4: di umlaute ä, ö und ü werden ersetzt durch e, o und i, also schreibt man zum beispil epfel, osterreich und finfzig. buchstabenverdoppelungen ferlengern worter unotig und entfalen daer. mitelalterliche worter wi knape oder riter werden einfacher und schneler zu schreiben sein!

FASE 5: das ch wird zum einfachen k, also kristus oder korknabe. ck wird durch ein einfakes k ersezt, tz oder ts werden durk das einfake z abgelost, wodurk di sprake nok einmal grindlik verkirzt wird. entscheidend ist aber di auflosung des umstendliken sch in ein einfakes s. wortungetime wi dampfsifarzgeselsaft oder noiswanstein ferliren dadurk fir imer iren sreken!

*

so wird di doize sprake nikt nur konsekwent ernoiert und kwalitatif ferbesert, sondern auk dem oiropeisen lerniwo angepast und in den stand fersezt, sik in naer zukunft mit der noien englisen sprake, dem nu-inglis, zu fermelen und so den grundstein zu einer eineitliken oiropasprake zu legen!
erwartet werden nikt nur einsparungen an speikerplaz, sondern auk ereblike ferkirzungen zum beispil bei strasen- und orzsildern, auf denen dan etwa fon diseldorf, sarbriken oder libek di rede sein wird.
di nazjonalhimne wird dan lauten: doizland, doizland iber ales!

di oiropeise sprakregelungskomision (noidoiz) im oiroparat, brisel.

ENDLÖSUNG DER DUDENFRAGE

BEAUTY RULES!
Der kleine Comicband BEAUTY RULES! erschien 2012 im Rahmen des Moskauer Comic-Projekts RESPECT nach Einladungen durch das Goethe-Institut Moskau. Er ist in Russland in russischer Sprache veröffentlicht worden, ebenso wie der Comicband EYES meiner Kollegin Ziska Riemann, und ist dort an allen Schulen verteilt worden.

RESPECT. »Du musst Deinen Nachbarn nicht lieben. Fang einfach an, ihn zu **achten.**« – lautet das Motto des europäischen Projektes »RESPEKT. Internationale Comics«, in dem Comic-Künstler aus Europa und Russland Geschichten zeichnen und soziale Themen zum Ausdruck bringen. Das Projekt wird von der Europäischen Union im Rahmen der Unterstützung von Partnerschaftsinitiativen zwischen der Europäischen Union und Russland im Bereich Kultur gefördert. Link zum Projekt:www.respect.com.mx

➜

AIRPORT
UNSER FÜHRER!
Mr.&Mrs. SiPPi

WIE AUFREGEND!
WILLKOMMEN REICHER TOURIST IN DER STADT DER SCHÖNSTEN MENSCHEN!
МОЛОКО

SMILE!
SMILE!
SMILE!
DIE SCHÖNE ARBEITERIN TRÄGT BOSS!
BEAUTY IS BEAUTIFUL
GEHORCHT!
GEHORSAM MACHT SPASS!
BUY!
EAT
BUY
PAY
GERHARD SEYFRIED

ZUERST FAHREN WIR ZUM PLATZ DER SCHÖNHEIT, WO SICH UNSERE SCHÖNEN BÜRGER GEGENSEITIG BEWUNDERN!

→

VOILA:
DER PLATZ DER
SCHÖNHEIT!
OTEЛЬ
HOTEL
OTEЛЬ
HOT
MOB

HIER ERHEBT SICH DER TEMPEL DER SCHÖNHEITS-GÖTTIN!
MANN IST DER GROSS!

➜

HOTEL
NICHT VIEL LEUTE UNTERWEGS HIER.
ALSO ICH SEH EIGENTLICH ÜBERHAUPT KEINE!

WEIL JETZT MITTAGSPAUSE IST!
NUR DA DARF ICH BESUCHER HERUM-FÜHREN. MAN WILL SIE NICHT SEHEN,
WEIL TOURISTEN NUR SELTEN SCHÖN SIND...
RÜLPS
KAU
Закуска
MAMPF
SCHMATZ
KLAPPER
SCHLUCK
ESS
бар
Кафе
РЕСТОРАН
MOB

→

...AH! DA GEHT GERADE EINER VON UNS!
WIE SCHÖN!
WO DENN?
RÜLPS

ÜBRIGENS KÖNNTEN SIE SICH HIER AUCH VERSCHÖNERN LASSEN!
MOB
MINISTRY OF BEAUTY
ECHT?
WO DENN?
RESPECT BEAUTIFUL PEOPLE!
MOB

→

HIER, IN UNSEREN SCHÖNHEITS-SALONS! DER DA IST DER BERÜHMTESTE!
BEAUTY
IS OUR PROFESSION

HM. SIEHT TEUER AUS.
BILLIG ISTS NICHT.
ABER STELLEN SIE SICH MAL VOR, WIE SIE ZUHAUSE BEWUNDERT WERDEN!
MOB

➜

HALLÖCHEN! ICH BIN DR. SCHNIPPSLER, IHR SCHÖNHEITS-CHIRURG!
ALSO, SCHAUN WIR MAL!

ZUERST DIE DAME!
HM. SIE BRAUCHEN EIN NEUES GESICHT.
AU JA!
HAIR
CHEEKS
NOSES
TEETH
EYES
EYEBROWS
LIPS
SMILES
SCALPELS

WEISSERE HAUT.
EIN DAUERLÄCHELN.
GRADE BEINE UND ÄH..
EINEN BUSEN.
SMILE

UND JETZT DER HERR!
ZUERST ENTFERNE ICH CHIRURGISCH DIESEN DÄMLICHEN HUT! DANACH...
...DEN REST VON IHNEN.
MEIN HUT!
MICH?!

➜

NEIIIIIIIIN!
WAS FÜR EIN GRÄSSLICHER
ALBTRAUM!
ERZÄHL
IHN MIR BLOSS
NICHT!
SLEEP
WELL
SEYFRIED
2011

HASCHISCH!
GESUNDHEIT!
HAIGHT ST
ASHBURY ST
CANNABI SAN
STRAW BERRY HILL
WHY DRINK & DRIVE? WHEN YOU CAN SMOKE & FLY!
HANF-AKTIE
HEMPSHARES
CANNABIS MAKES THE WORLD GO ROUND
HANFBAU
BAUMSTERBEN
BIO-TANK
HEMP OIL
GIFT!
Fords HEMPMOBILE
BAU STOFFE
GENUINE HEMP
DUPONT
Schneider & Söhne
Hanf ZWEI TAUSEND EINS
VERPACKUNG
GAZETTE KRIEG GEGEN NATUR!
WAR AGAINST EARTH!
PROHIBITION
DELPHI
Vom Nutzen des Hanffs
PARAQUAT
CANNABIS SATIVA
GEDRUCKT AUF HANFPAPIER · 50% HANF · 50% RECYCLINGPAPIER
HANFHAUS
DIE ZUKUNFT AUS DER PFLANZE
DON'T PANIC! IT'S ORGANIC!
·SEYFRIED·
1994

VOM HANF UND SEINEN WIRKUNGEN
TAFEL I.
DER HEISSHUNGER.
Beispielsituation:
Mit vom Hanfe beflügelter Phantasie schuf Konditor H. aus M. die herrlichsten Tortengebilde.
Doch der ebenfalls vom Hanfe verursachte Heißhunger zwang ihn ein jedes Mal, seine Schöpfungen sogleich aufzuessen.
Vor- und Nachteil halten sich hier die Waage.
© 2002 by: Seyfried Berlin

VOM HANF UND SEINEN WIRKUNGEN
TAFEL II.
DIE TRIEBKRAFT
Es ist der Hanf aber auch ein starkes Aphrodisiakum, dessen Triebkraft man zweckmäßig nicht unterschätze!
Beispielsituation:
Hier treibt es den Bauernburschen nach genossener Feierabendpfeife hinauf auf die Alm, wo die Luft dünn, die Sennerin aber dick und drall ist.
© 2002 by: Seyfried Berlin

VOM HANF UND SEINEN WIRKUNGEN
TAFEL III.
DAS ZEITGEFÜHL.
IT'S HIGH TIME FOR THE NEXT JOINT
RISE'N'SHINE
IT'S TIME!
YES, WE SMOKE CANNABIS!
Beispielsituation:
Nur dank der zeitdehnenden Eigenschaften von Cannabis findet der Uhrmacher A. aus B. genug Zeit, sich liebevoll um seine vielen Uhren zu kümmern!
© 2002 by: Seyfried Berlin

VOM HANF UND SEINEN WIRKUNGEN
TAFEL IV.
DAS KURZZEITGEDÄCHTNIS.
GRÜBEL
RÄTSEL
?
LEER!
TEE
TEA
KEIN MEHL MEHR!
FOOD FREEZER ANTARCTICA
MILCH IS ALLE!
Kein O-Saft mehr da!
Nicht vergessen: Bio-Paste Kaufen!
EIER HOLEN!
JOGHURT HOLEN!
Beispielsituation:
Einmal mehr stand Petra D. vor ihrem Kühlschrank und wußte nicht mehr, warum.
Der Grund war ihr auf dem Weg in die Küche durch die vom Cannabis angeregte Gedankenfülle einfach flöten gegangen.
© 2002 by: Seyfried Berlin

VOM HANF UND SEINEN WIRKUNGEN
TAFEL V.
PARANOIA
Beispielsituation:
Der Geisterbahnbesitzer Gregor G. hatte schon früh herausgefunden, wie sich die mitunter vom Hanf angeregte Paranoia in klingende Münze verwandeln ließ. Er brauchte nur die Monster seiner eigenen Phantasie zu Geld zu machen.
THE WHITE HOUSE HORROR PICTURE SHOW
W
DEA
KREISCH!
EINTRITT: €9.11
T-AX FREE
© 2002 by: Seyfried Berlin

HANF-WEISHEITEN:
SEYFRIED CARTOON
KIFFEN MACHT GLEICHGÜLTIG!
NA UND?
ÖLFARBE
MIEZ
I DON'T GIVE A SHIT
WEN JUCKTS!
GEHT MIR DOCH AM ARSCH VORBEI!
ARD ZDF CDU KABEL RTL
WHO CARES!
©2001: SEYFRIED

Die berühmte Münchner Frauenkirche hatte bis zum 2. Weltkrieg drei Türme. Doch darüber wurde der Mantel des Schweigens gebreitet. Warum?
© Gerhard Seyfried, Professor für Klerikalhysterie. Aufnahme um 1900; Abteilung Kirchenguerrilla

Pergamentmuseum Berlin. Sehr schön die Fassadenbespannung mit Pauspapier. Ein Muss für alle Zeichner.

Eindrücke aus der Provinz.

Unter dem weltweiten Hass gegen Banken leiden inzwischen auch Unschuldige wie diese arme Park-Bank.

Mauri
мавРи
G. Seybick 1978 SF.
16

G. Seyfried
Large
Steam launch
approaching Battleship
G. Seyfried
Small motor boat aboard cruiser

Seite
G. Seyfried 79
The great Berlin 'quake 79

SEYFRIED 9.2.91

8 cm FELDGESCHÜTZ C.73 Nº 90

Zeichnungen für den Roman »Herero«, signiert als C. Ettmann (Protagonist),
enthalten nur in der Hardcover-Ausgabe. Nachträglich koloriert.

Aus dem Booklet für die Song-CD »Wo Hier Bitte Gehts Nach Shambala?« von Ziska Riemann,
Cover und Booklet 2005 von Seyfried und Ziska gezeichnet

DIE INTERNATIONALE

WACHT AUF, VERDAMMTE DIESER ERDE,

DIE STETS MAN NOCH ZUM HUNGERN ZWINGT!

DAS RECHT, WIE GLUT IM KRATERHERDE,

NUN MIT MACHT ZUM DURCHBRUCH DRINGT!

Wacht auf, Verdammte dieser Erde!

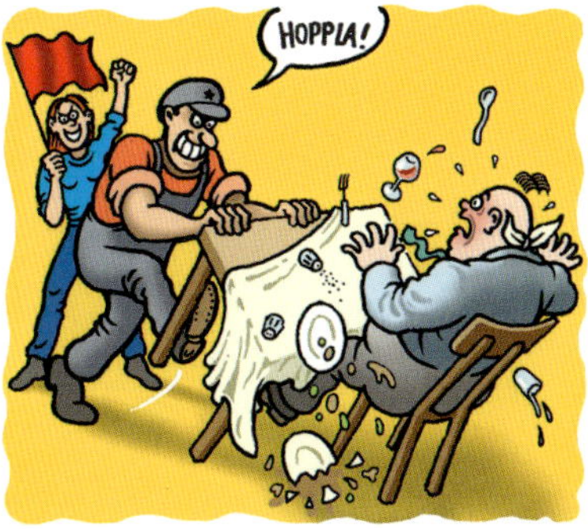

REINEN TISCH MACHT MIT DEM BEDRÄNGER,

HEER DER SKLAVEN, WACHE AUF!

EIN NICHTS ZU SEIN, TRAGT ES NICHT LÄNGER,

ALLES ZU WERDEN, STRÖMT ZU HAUF!

VÖLKER, HÖRT DIE SIGNALE!

AUF ZUM LETZTEN GEFECHT!

wacht auf, Verdammte dieser Erde!

DIE INTERNATIONALE

ERKÄMPFT DAS MENSCHENRECHT!

ES RETTET UNS KEIN HÖH'RES WESEN,

KEIN GOTT, KEIN KAISER, KEIN TRIBUN.

UNS AUS DEM ELEND ZU ERLÖSEN,

KÖNNEN WIR NUR SELBER TUN!

wacht auf, Verdammte dieser Erde!

LEERES WORT DES ARMEN RECHTE,

LEERES WORT DES REICHEN PFLICHT!

UNMÜNDIG NENNT MAN UNS UND KNECHTE,

ERTRAGT DIE SCHMACH NUN LÄNGER NICHT!

IN STADT UND LAND, IHR ARBEITSLEUTE,

WIR SIND DIE STÄRKSTE DER PART'EIN.

Wacht auf, Verdammte dieser Erde!

DIE MÜSSIGGÄNGER SCHIEBT BEISEITE,

DENN DIESE WELT MUSS UNSER SEIN!

UNSER BLUT SEI NICHT DER REICHEN

UND NICHT DER MÄCHT'GEN GEIERFRASS!

ERST WENN WIR SIE VERTRIEBEN HABEN

SCHEINT DIE SONN' OHN UNTERLASS!

Frohe Wehrmacht
und Guten Putsch ...
... wünsche ich allen
Jawoll-Sagern zu Kriegseinsätzen
im In- und Ausland!
G. Seyfried 2011

GERHARD SEYFRIED
SCHRIFTSTELLER, ZEICHNER, HISTORIKER

VITA

15.3.1948 in München geboren.
Vom 1.9. bis 30.9.1963 Lehre als Industriekaufmann. Anschließend Ausbildung zum Gebrauchsgrafiker bei Jopa-Eiskrem, München.
Ab 2.10.66 Studium der Malerei und Grafik an der Akademie für das Graphische Gewerbe, München.
Oktober 1968 Relegation wegen Aufrufes zum Streik gegen die Notstandsgesetze.
Ab 1970 selbständiger Grafiker und Karikaturist für Werbeagenturen und lokale Firmen. Seit 1971 freischaffender Karikaturist, u. a. für das »Blatt« (Stadtzeitung für München).
1976 Umzug nach Berlin.
Seit 1978 mehrere Studienaufenthalte in den Vereinigten Staaten.
1990 Preisverleihung auf dem Internationalen Comic-Salon in Erlangen.
1991 Einladung zur Internationalen Buchmesse Buenos Aires, Goethe-Institut Buenos Aires.
1992 Eintrag im Guiness Buch der Rekorde.
1993 Einladung zum Festival Bande Dessinée in Bloise / Frankreich.
Seit 1998 auch als Schriftsteller und Drehbuchautor tätig.
1999 Einladung nach Namibia zu einer Vortragsreise über Comics im Sprachunterricht.
2002 Einladung zum »Festival Bande Dessinée Contern« in Luxemburg.
2003 Arbeitsaufenthalt in Namibia. Roman *Herero* erscheint.
2003 und 2004 Arbeitsaufenthalte in der Schweiz.
2003 Lesung aus *Herero*, Buchhandlung Stauffacher, Bern.
2003 Lesung aus *Herero*, mehrsprachig, Deutsch-Belgisches Schriftstellergespräch Literaire Museum Hasselt (Belgien).

2004 Roman *Der schwarze Stern der Tupamaros* erscheint.
2004 Szenische Lesung aus *Herero* in Nürnberg.
2007 Lesung aus *Der schwarze Stern der Tupamaros*, Poetenfest Erlangen.
2007 Werkschauband *Die Comics. Alle!* (Seyfried & Ziska) erscheint.
2008 Roman *Gelber Wind* erscheint.
2008 Werkschauband *Die Werke. Alle!* (Seyfried & Ziska) erscheint.
2008 Vortrag »Von der Historie zum historischen Roman« im Militärhistorischen Museum der Bundeswehr Dresden.
2010 Comicband *Kraft durch Freunde* (Seyfried & Ziska) erscheint.
2011 Einladung nach Moskau, Comic-Projekt *Respect*, Goethe-Institut Moskau.
2012 Der kleine Comicband *Beauty Rules!* im Rahmen des Moskauer Comic-Projekts *Respect* erscheint in Russland.
2012 Einladung nach Moskau, Comic-Projekt *Respect*, Goethe-Institut Moskau.
2012 Roman *Verdammte Deutsche!* erscheint am 10. September 2012
2012 Lesungen aus *Verdammte Deutsche!* u.a. im Militärhistorischen Museum der Bundeswehr Dresden und auf dem Poetenfest Erlangen.
2012 und 2013 Ausstellung in der Casa Bertolt Brecht in Montevideo (Uruguay)
2013 Lesungen aus *Verdammte Deutsche!* in sechs Städten im Rahmen der LiteraTour Nord.

Bibliographie

Romane:

Herero (Hererokrieg 1904), Eichborn Berlin 2003
Der schwarze Stern der Tupamaros (BRD 1970er Jahre), Eichborn Berlin 2004
Gelber Wind (Boxeraufstand 1900), Eichborn Berlin 2008
Verdammte Deutsche! (Spionageroman 1911–1914) Knaus München 2012

Comic-Alben:

Wo soll das alles enden, Rotbuch-Verlag, Berlin 1978 (vergriffen)
Freakadellen und Bulletten, Elefantenpress, Berlin 1979 (vergriffen)
Invasion aus dem Alltag, Rotbuch-Verlag, Berlin 1980 (vergriffen)
Das Schwarze Imperium, Rotbuch-Verlag, Berlin 1984 (vergriffen)
Flucht aus Berlin, Rotbuch-Verlag, Berlin 1990 (vergriffen)
Let The Bad Times Roll, Rotbuch-Verlag, Hamburg 1997 (vergriffen)
Bullen, Bonzen und Berliner, Rotbuch-Verlag, Hamburg 1998 (vergriffen)

Seyfrieds Cannabis Collection, Nachtschatten Verlag, Solothurn 2003
Beauty Rules, Comic für das russische Comic-Projekt RESPECT 2011-2012

Comic-Alben mit Ziska Riemann:
Future Subjunkies, Rotbuch-Verlag, Berlin 1991 (vergriffen)
Space Bastards, Rotbuch-Verlag, Berlin/Hamburg 1993 (vergriffen)
Starship Eden, Carlsen-Verlag, Hamburg 1999 (vergriffen)
Die Comics. Alle!, Seyfried & Ziska (Bd. 1 der Werkschau), Zweitausendeins 2007
Die Werke. Alle!, Gerhard Seyfried (Bd. 2 der Werkschau), Zweitausendeins 2008
Kraft durch Freunde, Tolkemitt & Haffmans Verlag, Berlin, 2010

Bücher mit Mathias Bröckers:
Hanf im Glück, Nachtschatten Verlag, Solothurn 2000

Diverses:
Illustrationen mit Ziska Riemann für den Sammelband *Douglas Adams – Per Anhalter durch die Galaxis*, Rogner & Bernhard bei Zweitausendeins 2006.
Veröffentlichungen von Comics bzw. Karikaturen u.a. in *Pardon*, *Zeit-Magazin*, *Tip*, *Zitty*, *Tagesspiegel Berlin*, *BZ Berlin*, *La Liberation (F)*, *Anarchy-comics (USA)*, *Freak Brothers (USA)*, *El Vibora (E)*.
Poster für verschiedene Auftraggeber, u.a. für Linke Medienakademie, Literarischer Salon Hannover, DGB, Tagesspiegel Berlin, Hans-Christian Ströbele Berlin, AL Berlin, Evangelische Haupt-Bibelgesellschaft Berlin, Rotbuch, Arnulf Rating, Grimme-Preis, Militärhistorisches Museum der Bundeswehr, Dresden.
Journalistische Arbeiten: Reportagen und Features u.a. für *Tagesspiegel Berlin*, *Zeit-Magazin*, *taz*, *Zeichenblog online-taz*, *Abendzeitung München*, *Tip*, *Tip Filmjahrbuch* 1995, *BZ*.
Totalschaden, Plattencover für »Die Drei Tornados«, Berlin 1985.
Future Subjunkies, Kurzfilm nach dem gleichnamigen Comic, 25 min. Regie: Marian Kiss, Berlin für ZDF / Arte-TV.

Ausstellungen (in Auswahl)

1979 Elefanten-Press Berlin.
1985 Die Stadt – Deutsche Karikaturen (Institut f. Auslandsbeziehungen. Beteiligung).
1986 Galerie Däberitz Bergisch-Gladbach.
1987 Dortmund, Galerie Fletch-Bizzel.

1990 Comic-Salon Erlangen, Kongresszentrum.
1990 Chamisso-Galerie Berlin.
1991 Mannheim.
1991 »Grimm auf Märchen«, Kassel, Schweden, Rotterdam (Beteiligung).
1992 Brüssel (Beteiligung).
1993 Bloise / Frankreich mit Ziska (Beteiligung).
1994 Akademie der Künste Berlin (Beteiligung).
1997 Haus Ungarn Berlin mit György Brenner (†).
1997/98 Galerie Grober Unfug, Berlin.
1999 Moritzbastei Leipzig mit Ziska.
2000 Comic Salon München mit Ziska (Beteiligung).
2007 Caricatura (Beteiligung)
2007 Comicladen-Kollektiv Hamburg
2008 »Vorspiel« Berlin.
2012 Comic-Projekt RESPECT Moskau (Beteiligung).
2012 Browse festival Galerie, Schilderguerrilla & Beauty Rules, Berlin.
2012 und 2013 Galerie Truk Tschechtarow, Pop! Stolizei! in München.
2012 und 2013 Ausstellung in der Casa Bertolt Brecht in Montevideo (Uruguay).

Auszeichnungen:
1990 Max und Moritz Preis des Internationalen Comic-Salon in Erlangen:
Bester deutscher Zeichner des Jahres 1990.
2007 Wilhelm-Busch-Förderpreis.

Gersey Hardfried

Gherardo Seyfretti

Seyfriedamoto

El Seyfredo

SPIELSTRASSE

»Kein Gewalterlebnispark für Nazis«, titelte die taz vor einiger Zeit. Ein ganzer Park, und noch dazu in der Bundeshauptstadt, das ginge natürlich entschieden zu weit. Aber wie wäre es mit einer kurzen Spielstraße in irgendeinem gottverlassenen Gewerbegebiet am Rande dieser Republik? Eine solche müsste natürlich mit einem Verkehrsschild markiert werden, etwa mit dem Richtzeichen Nr. 325: Beginn eines verkehrsberuhigten Bereichs (besser bekannt als Spielstraße).

Die Abwandlung für den gewaltbereiten Grobmotoriker könnte dann so aussehen ➜

NAZIS
GEGEN RECHTS

Der Herausgeber dankt Gerhard Seyfried
für nimmermüde Hilfe & Unterstützung

Redaktion: WP Fahrenberg, Tilman Göhler
Cover: Reihenkonzept von Dirk Schmidt, München
Lithografie: Reproline-Genceller, München
Satz + Gestaltung: Schuster & Junge, München
Druck und Bindung: Memminger MedienCentrum
ISBN 978-3-88897-945-3

Wir danken dem Verlag Zweitausendeins für
die freundliche Genehmigung der Abdruckrechte.